AF389774

Vegan ist viral

Eilicke Ullrich

Impressum

Bibliografische Information der Deutschen Nationalbibliothek:
Die Deutsche Nationalbibliothek verzeichnet diese Publikation
in der Deutschen Nationalbibliografie; detaillierte
bibliografische Daten sind im Internet über http://dnb.dnb.de
abrufbar.

© 2024 Eilicke Ullrich

Herstellung und Verlag: BoD – Books on Demand,
Norderstedt

ISBN: 978-3-7583-6768-7

Veganer Nudelteig

400 g   Hartweizengrieß
180 ml   Wasser, warm

Zubereitung
Arbeitszeit ca. 10 Minuten

Ruhezeit ca. 30 Minuten
Gesamtzeit ca. 40 Minuten

Den Hartweizengrieß als Berg auf die Arbeitsfläche geben, in die Mitte eine Mulde drücken. Dann nach und nach insgesamt 180 ml sehr warmes Wasser geben, so wird der Grieß beim Kneten schnell geschmeidig. Dann von außen her ringsherum Grieß in die Wassermulde schieben, so dass eine breiige Masse entsteht. Nun mit den Händen den entstehenden Teig schön durchkneten, nach und nach von den Seiten her immer etwas Grieß nachgeben und auch Wasser, bis zuletzt ein schöner elastischer und glatter Teig entsteht. Durch das warme Wasser verliert der Grieß schnell seine Krümeligkeit. Nach 10 Minuten Kneten ist der Teig geschmeidig und homogen. Er darf nicht mehr kleben, auch die Hände sollten trocken sein und ohne anhaftende Teigreste, dann ist genug geknetet. Jetzt wird der Klumpen in Frischhaltefolie gewickelt und sollte mindestens 30 Minuten ruhen, kann aber auch Stunden später weiter verarbeitet werden.

Die Nudeln werden ca. 3-4 Minuten gekocht. Sie kommen in nicht mehr sprudelnd kochendes, also eher simmerndes Wasser (zerreißt sie sonst). Sobald die Nudeln oben schwimmen, sind sie fertig.

In den Nudelteig kommt kein Salz und auch kein Weizenmehl, denn dadurch kleben die Nudeln beim Kochen stark aneinander, bzw. spätestens nach dem Herausfischen aus dem Kochwasser. Außerdem wird durch das Weizenmehl das Kochwasser schmierig schleimig. Es reicht, wenn man eine ordentliche Portion Salz ins Kochwasser gibt.

Veganes Mett

100 g	Reiswaffel(n)
250 ml	Wasser, kaltes
2	Zwiebel(n), rote
50 g	Tomatenmark
½ TL	Kümmelpulver
½ TL	Pimentón de la Vera (geräuchertes Paprikapulver)

Meersalzflocken
Pfeffer aus der Mühle

250 g	Partybrötchen
1 kl. Bund	Schnittlauch

Zubereitung
Arbeitszeit ca. 25 Minuten
Ruhezeit ca. 2 Stunden
Gesamtzeit ca. 2 Stunden 25 Minuten

Die Reiswaffeln mit den Händen zerbröseln und in einer Schüssel mit 250 ml kaltem Wasser übergießen. 20 Minuten beiseite ziehen lassen. Inzwischen 1 Zwiebel fein würfeln.

Gequollene Reiswaffeln mit Zwiebeln, Tomatenmark, Kümmel und Pimentón vermengen, mit Salz und Pfeffer abschmecken. Falls das Mett zu trocken ist, noch etwas kaltes Wasser zugeben und untermengen. Das Mett abgedeckt ca. 2 Stunden ziehen lassen.

Zum Servieren Partybrötchen aufschneiden. Übrige Zwiebel in feine Ringe schneiden. Schnittlauch in Röllchen schneiden.

Brötchenhälften mit Mett bestreichen (oder einen Eiskugelportionierer benutzen). Zwiebelringe und Schnittlauch darüber verteilen, mit etwas Meersalzflocken und grobem Pfeffer bestreuen und servieren.

Veganer Käse Dip

150 g	Cashewkerne
190 ml	Pflanzendrink
1 EL	Zitronensaft
20 g	Hefeflocken
½ TL	Paprikapulver, geräuchertes
1 TL	Knoblauchpulver
½ TL	Kurkumapulver
1 TL	Salz
½ TL	Chilipulver, optional
2 Tüte/n	Nacho(s)

Zubereitung

Arbeitszeit ca. 10 Minuten

Ruhezeit ca. 8 Stunden

Gesamtzeit ca. 8 Stunden 10 Minuten

Cashewkerne über Nacht in kaltem Wasser einweichen.

Am nächsten Tag die Cashewkerne in ein Sieb gießen und tropfnass mit Pflanzendrink, Zitronensaft, Hefeflocken und Gewürzen in einem Mixer zu einer cremigen Sauce mixen. Gegebenenfalls mit etwas Salz nachschmecken.
Wenn die Sauce zu dick ist, noch etwas Wasser zugeben. Mit Nachos servieren.

Buffalo Blumenkohl Wings

40 g	Mehl
½ TL	Salz
½ TL	Paprikapulver, edelsüßes
½ TL	Zwiebelgranulat
½ TL	Knoblauchpulver
40 ml	Chilisauce
40 ml	Kochcreme, vegane
evtl.	Wasser nach Bedarf

Zutaten für die Blumenkohl-Wings:

| 300 g | Blumenkohlröschen |
| 100 g | Panko oder Paniermehl |

Zubereitung

Mehl in eine Schüssel geben. Salz, Paprikapulver, Zwiebelgranulat und Knoblauchpulver sowie Chilisauce und vegane Kochcreme zufügen. Falls die Panade zu dick wirkt, mit ein wenig Wasser verdünnen.

Blumenkohlröschen in den Teig geben und alles miteinander ordentlich vermischen. Anschließend die "Blumenkohl-Wings" mit etwas Panko oder Paniermehl panieren und in eine Heißluftfritteuse legen (nicht zu viel - sie sollten nicht aufeinander liegen).

Bei 180 °C 15 Minuten lang in einer Heißluftfritteuse backen.

Anschließend die Röschen mit ein wenig BBQ-Sauce bestreichen und kann mit Knoblauchdressing serviert werden.

Vegane Käsesoße

150 g   Kartoffel(n), klein geschnittene

60 g   Karotte(n), klein geschnittene

1 m.-große   Zwiebel(n), klein geschnitten

260 ml   Wasser

60 g   Cashewnüsse

1   Knoblauchzehe(n)

1 TL   Senf

1 Prise(n)   Salz

1 TL   Zitronensaft

70 g   Margarine

Zubereitung
Arbeitszeit ca. 5 Minuten
Koch-/Backzeit ca. 15 Minuten
Gesamtzeit ca. 20 Minuten

Die klein geschnittenen Kartoffeln, Karotten und Zwiebel in 260 ml Wasser weich kochen.

Danach alles, auch das Wasser, in einen Mixer geben (geht auch mit dem Stabmixer). Die restlichen Zutaten hinzufügen und auf höchster Stufe zu einer cremigen Masse pürieren.

Diese Sauce eignet sich hervorragend für Mac`n Cheese Nudeln oder zum Überbacken auf Pizzen und Aufläufen.

Falafel

200 g   Kichererbsen, getrocknete
1 Scheibe/n   Toastbrot, altbackenes
1   Zwiebel(n)
4   Knoblauchzehe(n)
½ Bund Petersilie
2 TL   Korianderpulver
2 TL   Kreuzkümmelpulver
Salz und Pfeffer
1 TL   Backpulver
2 EL   Mehl
1 Liter   Öl zum Frittieren
1   Zitrone(n)

Zubereitung

Die Kichererbsen in einer Schüssel mit reichlich kaltem Wasser bedecken und 12 Stunden quellen lassen. Anschließend abtropfen lassen. Das Brot zerkrümeln. Zwiebel und Knoblauch schälen und grob zerkleinern. Petersilie waschen und die Blättchen abzupfen. Brot, Zwiebel, Knoblauch, Petersilie und Kichererbsen im Mixer fein zerkleinern.

Das Püree mit Koriander, Kreuzkümmel, Pfeffer und Salz abschmecken und mit Mehl und Backpulver verkneten. Aus dem Teig walnussgroße Bällchen formen.

Das Öl zum Frittieren erhitzen. Es ist heiß genug, wenn an einem hölzernen Kochlöffelstiel, den man ins Fett hält, viele Bläschen aufsteigen. Die Falafel darin portionsweise in 4 - 5 Minuten goldbraun frittieren. Jeweils auf einer dicken Lage Küchenpapier abtropfen lassen.

Die Zitrone in Schnitze schneiden und die heißen Falafel damit servieren.

Orientalisch gefüllte Tomaten

200 g	Couscous
50 g	Rosinen
Salz	
50 g	Pinienkerne
1 TL	Koriandersamen
2 Stiele	Minze
6 große	Tomate(n) à ca. 170 - 220 g
2 TL	Zimtpulver
1	Knoblauchzehe(n)
2 EL	Olivenöl
2 TL	Currypulver, scharfes, z. B. Madrascurry
Öl für die Form	

Zubereitung

Den Backofen auf 200 °C Ober-/Unterhitze vorheizen.

Couscous und Rosinen mit der doppelten Menge kochendem Salzwasser übergießen und nach Packungsanweisung ziehen lassen.
Pinienkerne in einer Pfanne unter Wenden trocken rösten, bis sie anfangen zu duften. Sofort auf einem Teller auskühlen lassen.
Die Tomaten waschen, den Stielansatz herausschneiden und einen Deckel abschneiden. Das Innere mit einem Löffel aushöhlen, die wässrigen Kerne entfernen und das herausgelöste Fruchtfleisch und den Deckel fein schneiden.
Koriandersaat in einen Mörser geben und fein zerstoßen. Minze waschen, trocknen, die Blätter abzupfen und fein schneiden. Knoblauch schälen und durch eine Presse drücken.
Couscous mit zwei Gabeln auflockern und mit allen vorbereiteten Zutaten mischen. Die Mischung in die Tomaten füllen.
Eine Auflaufform dünn mit Öl fetten. Die Tomaten nebeneinander in die Form setzen. Im heißen Backofen etwa 15 - -20 Min. backen.
Tipp: Wenn Sie keine großen Tomaten bekommen, füllen Sie das restliche Couscous einfach mit in die Form.

Grießpudding vegan

50 g	Grieß
300 ml	Kokosmilch
2 EL	Zucker
2 EL	Himbeeren
2 EL	Kokosflocken

Zubereitung

Die Kokosmilch mit dem Zucker im Topf erhitzen. Sobald die Milch erhitzt ist, den Grieß hinzufügen. Alles fünf Minuten quellen lassen.
Die Himbeeren direkt aus dem Tiefkühlschrank über dem Grieß garnieren.
Die Kokosflocken kurz in der Pfanne anrösten und den Grieß damit dekorieren.

Veganer Schokokuchen

200 g   Mehl
35 g   Backkakao
180 g   Zucker oder Erythrit (hier verwendet als kalorienreduzierte Variante)
1 TL   Vanilleextrakt
½ Pck.   Backpulver
240 ml   Wasser
100 ml   Sonnenblumenöl

Eine runde Springform mit 20 cm Durchmesser mit etwas Öl einfetten.
Den Backofen auf 180 °C Ober/-Unterhitze vorheizen.

Mehl, Kakao, Zucker/Erythrit, Vanillearoma und Backpulver in einer Schüssel kurz vermengen. Anschließend Wasser und Öl dazugeben und gut unterrühren, bis ein glatter Teig entsteht. Den Teig in die Form füllen und den Kuchen 35 - 40 Minuten backen. Er ist fertig, wenn bei der Stäbchenprobe kein Teig am Holzstäbchen hängen bleibt.

Afrikanischer Erdnusseintopf

½   Weißkohl
2   Möhre(n)
2 TL   Cayennepfeffer
1 TL   Thymian
½ TL   Paprikapulver
1 EL   Senf
1 kl. Dose/n   Kidneybohnen
1 Dose   Mais
1   Paprikaschote(n)
4 EL   Erdnussbutter
1 Pck.   Tomaten, passierte
250 ml   Gemüsebrühe
1 EL   Kreuzkümmelpulver
1   Zwiebel(n)
n. B.   Mangosaft
Salz und Pfeffer

Zwiebeln, Paprikaschote, Möhren und Kohl schälen bzw. putzen und klein schneiden. Weißkohl und Möhren in Wasser separat vorkochen, anschließend beiseitestellen.

Währenddessen die Zwiebel- und Paprikastücke in Öl anbraten. Kreuzkümmel, Cayennepfeffer und Senf dazugeben und kurz(!) mitbraten. Passierte Tomaten und Brühe hinzugeben und 5 Minuten kochen lassen. Thymian, Paprikapulver und Erdnussbutter hinzugeben. Alles gut durchrühren.

Kidneybohnen und Mais abgießen. Dann hinzugeben, ebenso Weißkohl und Möhren und weiter köcheln lassen (Vorsicht, setzt gerne am Boden an!). Mit Mangosaft, Salz, Pfeffer und evtl. noch mehr Cayennepfeffer abschmecken.

Dazu Reis oder frisches Baguette reichen.

Schwarzwälder Pilz-Dim Sum mit Sojasauce

200 g   Mehl

1 TL   Salz in 130 ml   Wasser, heißes

Für die Füllung:

1 kg   Pilze, gemischte (Steinpilze, Champignons, Pfifferlinge, Kräuterseitlinge, Totentrompeten, Semmelstoppel)

2   Schalotte(n)

2   Knoblauchzehe(n)

8 Stängel   Blattpetersilie

1 Bund   Koriander

Sherry

1 EL   Misopaste

Salz und Pfeffer

Chiliflocken

Sonnenblumenöl

Sojasauce

Sesam, gerösteter

Für den Teig Mehl und Salz vermischen. Heißes Wasser hinzugeben und mit Hilfe zweier Essstäbchen vermengen. Sobald Wasser und Mehl sich verbunden haben mehrere Minuten mit den Händen weiterkneten. Aus dem Teig eine Kugel formen, abdecken und mindestens 60 Minuten ruhen lassen. In der Zwischenzeit die Pilze putzen und in grobe Stücke schneiden. Die Schalotten und Knoblauchzehen schälen und fein würfeln. Die Kräuter waschen, trocken schütteln und in feine Streifen schneiden. Die Pilze in einer heißen Pfanne mit etwas Sonnenblumenöl kräftig anbraten. Schalotten und Knoblauch hinzugeben und mitbraten. Wenn die Pilze zusammengefallen sind und ihre gesamte Flüssigkeit verkocht ist, mit einem Schuss Sherry ablöschen und einkochen lassen. Misopaste und Kräuter hinzugeben und mit Chiliflocken, Salz und Pfeffer würzen. Die gegarte Pilzmasse aus der Pfanne auf ein Brett geben und mit einem Messer mehrmals grob durchhacken, in eine Schüssel füllen und für ca. 30 Minuten in den Kühlschrank stellen. Den Teig aus dem Kühlschrank holen und die Teigkugel in 8 gleichgroße Stücke schneiden. Diese zu jeweils 4 kleinen Kugeln formen und auf einer bemehlten Arbeitsfläche gleichmäßig zu kleinen runden Teigplatten formen. Anschließend mit einem Nudelholz ca. 1 - 2 mm dünn ausrollen.

Tipp: Wer sich beim runden Ausrollen einzelner Teiglinge schwertut, kann einfach den ganzen Teig ausrollen und mit einem umgedrehten Glas oder Teigausstecher rund ausstechen. Jeweils ca. 1 - 2 Teelöffel der Pilzfüllung in die Mitte jedes Teigkreises geben und den Rand mit Wasser befeuchten. Nun zu Halbmonden zusammenklappen und eine

Teighälfte in kleinen Wellenbewegungen, fächerförmig an die andere Teighälfte drücken.

Die fertigen Dim Sum in einen geölten, oder mit gelöchertem Backpapier ausgelegten Dämpfeinsatz geben und ca. 7 - 9 Minuten dämpfen. Als Dip eignet sich Sojasauce mit geröstetem Sesam.

Veganes Rouladengulasch

150 g Soja-Medaillons oder Soja-Schnetzel
500 ml heiße Gemüsebrühe
1 Zwiebel
6 Gewürzgurken
3 EL Senf
3 EL Mehl
3 EL Tomatenmark
200 ml veganer Rotwein
50 ml Gurkenwasser (aus dem Glas der Gewürzgurken)
2 Nelken
2 Lorbeerblätter
Agavendicksaft (optional)
Salz
Pfeffer
Pflanzenöl zum Braten

Soja-Medaillons oder Soja-Schnetzel in eine hitzebeständige Schüssel geben und mit heißer Gemüsebrühe übergießen. Ca. 10 Minuten stehen lassen.

In der Zwischenzeit Zwiebel fein würfeln und Gewürzgurken in Scheiben schneiden.

Soja-Medaillons oder Soja-Schnetzel aus der Gemüsebrühe nehmen – aber die Brühe nicht weggießen. Die Sojaschnetzel kräftig ausdrücken, damit sie viel Flüssigkeit verlieren. Die ausgedrückte Flüssigkeit aber ebenfalls auffangen und nicht weggießen. Die Soja-Schnetzel anschließend in eine Schüssel geben, gut salzen und pfeffern und mit Senf einreiben.

Pflanzenöl in einer großen Pfanne bei mittlerer Hitze erwärmen und die Soja-Schnetzel darin von allen Seiten scharf anbraten. Zwiebel und Gewürzgurken hinzugeben und weitere ca. 5 Minuten anbraten. Mit Mehl bestäuben, das Tomatenmark mit in die Pfanne geben und alles gut vermengen. Weitere ca.2-3 Minuten braten, bis das Tomatenmark leicht bräunlich wird.

Nun langsam die Gemüsebrühe dazugeben und einrühren, in der die Schnetzel eingelegt waren. Durch das Einrühren sollte die Soße keine Klümpchen bekommen. Veganen Rotwein und das Gurkenwasser der Gewürzgurken, sowie Nelken, Lorbeerblätter, Salz und Pfeffer dazugeben. Das Ganze kurz aufkochen lassen und danach auf kleiner Hitze mind. 15

Minuten weiterköcheln lassen – ihr könnt es aber auch gern länger köcheln lassen.

Tipp: Es gibt kleine Beutel, in die ihr Lorbeerblatt und Nelken legen könnt, damit ihr sie am Ende nicht suchen müsst, sondern ganz einfach wieder herausnehmen könnt.

Das vegane Goulasch vor dem Servieren erneut mit Salz und Pfeffer abschmecken und Lorbeerblätter und Nelken herausnehmen. Je nach Süße des Rotweins kann auch ein Schuss Agavendicksaft am Ende hinzugegeben werden.

Veganes Knödel Cordon Bleu

Für den Knödelteig:
1 kg festkochende Kartoffeln
125 g Kartoffelstärke
65 g vegane Butter (Zimmertemperatur)
1–2 TL gemahlener Muskat
Salz
Pfeffer
Für die Füllung:
100 g veganer Käse am Stück
100 g vegane Fleischwurst am Stück
Zum Panieren/Braten:
Mehl
pflanzliche Milch
Panko / Paniermehl
neutrales Pflanzenöl

Kartoffeln mit Schale in einen Topf geben, mit kaltem Wasser bedecken und kräftig salzen. Das Wasser aufkochen lassen und danach bei mittlerer Hitze circa 20 Minuten kochen, oder bis die Kartoffeln gar sind. Danach abgießen und noch im warmen Topf ausdampfen lassen.

Die Kartoffeln schälen und mit einer Kartoffelpresse oder einem Kartoffelstampfer zerdrücken, bis der Kartoffelstampf keine großen Stückchen mehr enthält. Kartoffelstärke, Mehl und weiche vegane Butter dazugeben und alles zu einem Teig vermengen. Mit Salz, Pfeffer und Muskat würzen.

Für die Füllung veganen Käse und vegane Fleischwurst in je acht Scheiben schneiden.

Den Knödelteig in 16 gleich große Portionen aufteilen. Eine Portion Teig auf die Hand legen und plattdrücken. Eine Scheibe veganen Käse und vegane Fleischwurst mittig auf dem Teig platzieren und eine zweite Scheibe Knödelteig darauf legen. Beide Teige miteinander verbinden, sodass die Füllung gut verschlossen wird. Mit dem restlichen Knödelteig so vorgehen, bis Teig und Füllung aufgebraucht sind.

Zum Panieren drei tiefe Teller vorbereiten: einen Teller mit Mehl, einen Teller mit pflanzlicher Milch und den letzten Teller mit Panko füllen. Zuerst kommt jedes Cordon Bleu ins Mehl, damit die Panade gut hält. Danach in pflanzliche Milch tunken und direkt danach in Panko wenden. Damit die Panade noch knuspriger wird, die Cordon Bleu im Anschluss erneut in pflanzliche Milch tunken und nochmal in Panko wenden.

Ausreichend Pflanzenöl in einer großen Pfanne erhitzen. Die Cordon Bleu circa 3–4 Minuten von jeder Seite anbraten, bis sie goldbraun sind. Anschließend auf etwas Küchenpapier abfetten lassen.

Für das Salat-Dressing Dijon-Senf mit Ahornsirup in einer Schüssel miteinander verrühren und langsam das Olivenöl dazugeben. Mit Zitronensaft, Salz und Pfeffer abschmecken. Den Wildkräutersalat waschen und kurz vor dem Servieren mit dem Dressing vermengen.

Die gefüllten Knödel auf dem Wildkräutersalat servieren.

Vegane Hefepfannkuchen mit Apfel

200 g Weizenmehl

1 Päckchen Trockenhefe

3 EL Zucker

1 TL Tonkazucker (oder Vanillezucker)

0.5 TL Salz

100 ml pflanzliche Milch

100 ml Sprudelwasser

2 Äpfel

Pflanzenöl zum Braten

Mehl, Trockenhefe, Zucker, Vanillezucker und Salz in einer Schüssel verrühren.

Pflanzliche Milch eurer Wahl in einem kleinen Topf erhitzen, bis sie warm ist. Sie sollte nicht heiß sein und ihr solltet immer noch problemlos mit einem Finger reingreifen können. Zunächst die warme pflanzliche Milch und danach das Sprudelwasser zu den trockenen Zutaten geben und zu einem dickflüssigen Teig verrühren.

Zeit, die Wohnung aufzuräumen, denn der Teig muss nun mit abgedeckt und an einem warmen Ort ca. 30 Minuten ruhen. Dabei geht er auf und bildet Bläschen auf dem Teig.

Ist der Teig aufgegangen, könnt ihr die Apfel schälen und in kleine Würfel oder Scheiben schneiden. Apfelstückchen vorsichtig unter den Teig rühren.

In einer Pfanne Öl erhitzen und den Teig in kleinen Klecksen nach und nach von beiden Seiten goldbraun ausbacken. Macht das lieber auf kleiner bis mittlerer Hitze, damit die Pancakes auch wirklich durch sind und nicht teigig. Die Pfannkuchen gehen in der Pfanne durch die Hefe nochmal richtig auf und werden ganz fluffig.

Die Hefefannkuchen mit Puderzucker bestäuben und nach Geschmack direkt so essen oder mit Marmelade, Apfelmus, oder frischem Obst servieren.